BEI GRIN MACHT SICH IHR
WISSEN BEZAHLT

AF135534

- Wir veröffentlichen Ihre Hausarbeit,
  Bachelor- und Masterarbeit

- Ihr eigenes eBook und Buch -
  weltweit in allen wichtigen Shops

- Verdienen Sie an jedem Verkauf

Jetzt bei www.GRIN.com hochladen
und kostenlos publizieren

LDAP-Grundlagen. Protokoll und Datenmodell

Matthias Herreiner

Bibliografische Information der Deutschen Nationalbibliothek:

Die Deutsche Nationalbibliothek verzeichnet diese Publikation in der Deutschen Nationalbibliografie; detaillierte bibliografische Daten sind im Internet über http://dnb.d-nb.de abrufbar.

ISBN: 9783346864468
Dieses Buch ist auch als E-Book erhältlich.

Hochschule für angewandte Wissenschaften
-Fachhochschule Deggendorf-
Fakultät Betriebswirtschaft und Wirtschaftsinformatik
(Master-Studiengang Wirtschaftsinformatik)

LDAP-Grundlagen

Seminararbeit zum Kurs Middleware

Vorgelegt von:
Matthias Herreiner
am: 15.01.2011

Abkürzungsverzeichnis

CN	Common Name
DIT	Directory Information Tree
DN	Distinguished Name
DNS	Domain Name System
ISO	International Standard for Organization
ITU	International Telecommunication Union
LDAP	Lightweight Directory Access Protocol
OID	Objekt-ID
OSI-Model	Open Systems Interconnection Reference Model
RDN	Relative Distinguished Name
RFC	Request for Comments
SN	Surname
SSO	Single sign-on

Inhaltsverzeichnis

Abkürzungsverzeichnis ii

Abbildungsverzeichnis iv

Listings v

1 Einleitung 1

2 Verzeichnisdienste 2

   2.1 Das LDAP-Protokoll 3

   2.2 Das LDAP-Datenmodell 4

       2.2.1 Definition von Objektklassen 4

       2.2.2 Auslagerung von Attributen 5

   2.3 Vererbung in LDAP 6

   2.4 Der Verzeichnisbaum 7

3 Fazit 10

Literaturverzeichnis 11

Abbildungsverzeichnis

2.1 Ableitung von Klassen 6

2.2 Konkretes LDAP-Objekt 7

2.3 LDAP-Baum der FH-Deggendorf 8

2.4 Beispielhafter Distinguished Name (DN) eines Studenten 9

Listings

2.1   Definition Schema Person 4

2.2   Definition Attritbuttyp Name 5

2.3   Vererbung Attributtypen 6

1 Einleitung

Strukturen und Hierarchien spielen in Unternehmen und Organisationen eine wichtige Rolle. Die Kunst eine effiziente Organisation für ein Unternehmen zu finden, stellt eine hohe Herausforderung an das Management dar. Oft neigen Unternehmen dazu, sich in hierarchischer Form zu organisieren um den Unternehmensalltag zu bestreiten. Durch einen hierarchischen Aufbau stehen verschiedene Organisationsebenen und Einheiten miteinander in Beziehung. So kann z.B. eine Abteilung in mehrere Teams unterteilt werden oder ein Team wird einer anderen Abteilung zugeordnet. Durch diese Zu- bzw. Unterordnung von Einheiten, ergibt sich eine Baumstruktur, in der die Hierarchiestufen eines Unternehmens dargestellt werden. Auf der obersten Ebene befindet sich das Management, auf der untersten Stufe die ausführende Ebene. Meist werden den verschiedenen Ebenen und Einheiten unterschiedliche Zuständigkeiten und Berechtigungen zugeordnet. So darf z.B. ein einfacher Angestellter nicht die Gehaltsliste aller Mitarbeiter einsehen, im Gegensatz zum Geschäftsführer eines Unternehmens.

Zur Abbildung von Organisationsstrukturen und Berechtigungskonzepten werden in der Praxis oft Verzeichnisdienste eingesetzt [KL03]. Ein Verzeichnisdienst dient zum Ablegen und Abfragen jeglicher Art von Informationen. Zur Kommunikation mit einem Verzeichnisdienst wird das Protokoll Lightweight Directory Access Protocol (LDAP) eingesetzt, welches einen de-facto-Standard in der Praxis darstellt [Ebe05]. In dieser Arbeit soll das Verzeichnisprotokoll LDAP kurz vorgestellt und dessen Einsatzmöglichkeiten erläutert werden.

2 Verzeichnisdienste

Zunächst gilt es die Frage zu beantworten, was sind eigentlich Verzeichnisdienste respektive Verzeichnisse? Ein Verzeichnis ist eine Sammlung von hierarchisch gegliederten Einträgen[Ebe05]. Als Beispiel für ein Verzeichnis wäre das Domain Name System (DNS) oder ein einfaches Telefonbuch zu nennen. In beiden Fällen handelt es sich um eine Zuordnungsliste zur Erleichterung einer Suche. In der Regel, ist ein Verzeichnis für einen breiten und verteilten Nutzerkreis von Interesse. Aus diesem Grund, wird ein Dienst benötigt der Daten öffentlich und per Remote zur Verfügung stellt. Ein Verzeichnisdienst stellt im Grunde einen Netzwerkdienst dar, der auf einem dedizierten Server läuft und ein dort abgelegtes Verzeichnis verwaltet. Verzeichnisdienste haben verschiedene gemeinsame Eigenschaften. Als wesentliche Eigenschaften sind folgende zu nennen [Ebe05]:

- Verzeichnisdienste sind für einen Lesezugriff optimiert, da fast ausschließlich lesend und selten schreibend zugegriffen wird. Grund dafür ist, dass eine relativ geringe Anzahl von Transaktionen abgewickelt werden. Z.B. wird nicht in jeder Millisekunde ein neuer Benutzer angelegt oder verändert.

- Ein Verzeichnisdienst stellt neben der Speicherung von Informationen ein verteiltes Modell zur Informationsablage zur Verfügung. Dies gewährleistet die Ausfallsicherheit und Performance von LDAP-Servern, da Verzeichnisdienste eine zentrale Rolle in modernen IT-Landschaften spielen.

- Verzeichnisinformationen sind hierarchisch in Form eines Baumes organisiert und abgelegt.

- Verzeichnisdienste bieten die Replikation zwischen unterschiedlichen Verzeichnisservern. Dadurch wird die Konsistenz der Verzeichnisdaten gewährleistet.

In der Praxis werden Verzeichnisdienste häufig dazu verwendet, Benutzer und deren Rechtekonfigurationen zu verwalten. Eine Single sign-on (SSO) Lösung zur einmaligen Authentifizierung eines Benutzers basiert oftmals auf einen Verzeichnisdient. Vorteil ist, dass Benutzer und Passwörter nur in einem zentralen Verzeichnis abgespeichert werden. Die meisten Softwareprodukte die mit Benutzerdaten umgehen bieten eine LDAP-Schnittstelle an. Als konkrete Implementierungen von Verzeichnisdiensten wären z.B. Novells eDirectory, Microsofts Active Directory oder OpenLDAP zu nennen. Damit auf einen Verzeichnisdienst Remote zugegriffen werden kann, ist eine Kommunikationsprotokoll, das LDAP-Protokoll notwendig.

2.1 Das LDAP-Protokoll

Das LDAP-Protokoll ist ein Kommunikationsprotokoll und beschreibt neben den Anweisungen zur Kommunikation auch ein Modell zur Ablage von Informationen in einem Verzeichnis. LDAP bietet durch eine offene und flexible Schnittstelle einen einfachen Zugriff auf die Daten eines Verzeichnisses. Seinen Ursprung hat LDAP im X.500 Standard [Cha94]. Der X.500 Standard wurde 1988 von der International Telecommunication Union (ITU) definiert. Im Wesentlichen beschreibt der X.500 Standard, wie Verzeichnisdaten zur Verfügung gestellt und abgerufen werden können. Der Standard deckt neben der Verwaltung von Verzeichnisdaten auch die Themen Verschlüsselung, Authentifizierung, und Replikation ab [KL03, S. 9]. Das besondere am X.500 Standard ist aber, dass es sich um einen globalen, verteilten Dienst handelt. Dass bedeutet, mehrere physikalisch verteilte X.500 Server können zu einem logischen Verzeichnisdienst zusammengefasst werden. So könnten z.b. alle X.500 Server der deutschen Hochschulen -falls vorhanden- zu einem logischen Verbund auf Bundesebene aggregiert werden. Das Spiel könnte für jedes weitere EU-Land fortgesetzt werden um im nächsten Schritt einen Verzeichnisdienst für Hochschulen auf Europaebene zu etablieren. Letztendlich konnte sich der X.500 Standard aber aufgrund seiner Schwerfälligkeit nicht durchsetzen. Grund dafür war, dass der Standard auf dem komplizierten 7-schichtigen Open Systems Interconnection Reference Model (OSI-Model) basiert [KL03, S.10]. In der Praxis setzte sich damals langsam das einfachere TCP/IP-Modell zur Vernetzung von Systemen durch. Auch die wachsende Verbreitung des Internets unterstützte die Verbreitung des TCP/IP Modells und formulierte den Bedarf nach TCP/IP basierten Verzeichnisdiensten [KL03, S.26].

LDAP bietet einen vereinfachten Zugriff auf ein X.500 Verzeichnis und basiert auf einem TCP/IP Stack. Ein gewisser OSI-Overhead wird dadurch vermieden. In den Anfängen von LDAP (1993), dienten LDAP-Gateways als Vermittler zwischen einem LDAP-Client und einem X.500 Server. Ab 1995 entfiel die Gateway-Rolle und eine vollwertige LDAP-Server-Implementierung der Universität Michigan stand zur Verfügung [Zör05, S. 26]. LDAP stellt nur einen Teil der X.500 Funktionalität zur Verfügung. In der Version v3 werden nur noch 9 Kernfunktionen angeboten, die in der Praxis aber vollkommen ausreichend sind [Ebe05, S. 90]. Betrachtet man das OSI-Schichtenmodell, so wird LDAP auf der vierten Schicht, der Anwendungsschicht angesiedelt. Zur Spezifikation von LDAP, wurde stark die Nomenklatur des X.500 Standards verwendet. Aus diesem Grund sind viele Begrifflichkeiten in Analogie zum X.500 Standard zu sehen. Die größte Rolle in der Welt der Verzeichnisdienste spielen aber Objekte, die als Einträge im Verzeichnis persistiert werden. Zur Organisation und Speicherung von Einträgen beschreibt der LDAP-Standard ein Datenmodell.

2.2 Das LDAP-Datenmodell

Wesentliche Aufgabe eines Verzeichnisses ist das Abbilden und miteinander in Beziehung setzen von Objekten. Ein Objekt wird dabei durch einen Eintrag im Verzeichnis repräsentiert [KL03, S.15]. Zur Sicherstellung der Interoperabilität verschiedenener LDAP-Implementierungen, wurde der Aufbau von Objekten standardisiert und in LDAP-Schemata festgehalten. Ein Schema beschreibt den prinzipiellen Aufbau eines Objektes im LDAP-Verzeichnis und ist mit einer Klasse vergleichbar. Wesentliche Bestandteile einer Klasse in LDAP sind:

- Eine eindeutige ID.

- Definition der Superklasse von der ererbt wird.

- Definition von Attributen.

- Einen beschreibenden Namen.

Eine Übersicht der zur Verfügung stehenden Schemata findet man unter [RFC2256].

2.2.1 Definition von Objektklassen

Ein Konzept, das aus der objektorientierten Programmierung in LDAP übernommen wurde, ist die Vererbung. Eine LDAP-Klasse kann entweder komplett neu definiert oder von einer Superklasse abgeleitet werden. Dies hat den Vorteil, dass beim Anlegen eines LDAP-Objektes alle Attribute der abgeleiteten Klasse zur Verfügung stehen. Benötigt ein Entwickler eine eigene Klassendefinition, so kann leicht eine bestehende Klasse um zusätzliche Eigenschaften erweitert werden. Zur Festlegung der Ableitungsbeziehung ist immer nur die Angabe von einer Superklasse zulässig. Das Konzept der Mehrfachvererbung wurde in LDAP auf Klassenebene nicht vorgesehen. Listing 2.1 zeigt exemplarisch die Schemadefinition der Klasse person.

```
1 objectclass ( 2.5.6.6 NAME 'person' SUP top STRUCTURAL
2   MUST ( sn $ cn )
3   MAY ( userPassword $ telephoneNumber $ seeAlso $ description )
4 )
```

Listing 2.1: Definition Schema Person

Die Klasse person dient dazu, Personen und Angestellte in einem LDAP-Verzeichnis abzubilden. Jede Klasse wird in einen Bereich für optionale Attribute (May) und notwendige Attribute (Must) unterschieden. Die Angabe der Superklasse folgt nach dem Schlüsselwort SUP. Hier die Klasse top. Die Superklasse top ist vergleichbar mit der Klasse Object in Java und dient letztendlich jeder LDAP-Klasse als Oberklasse. Nach Angabe der Superklasse folgt die Formulierung des Klassentyps. In LDAP stehen dazu drei Typen zur Verfügung [KL03, S. 21f.]:

- Structural: Normale Klassen, ähnlich der normalen Java Klasse

- `Abstract`: Abstrakte Klassen, davon können keine Instanzen direkt erzeugt werden

- `Auxiliary`: Hilfsklassen für spezielle Anforderungen

Am häufigsten wird der Klassentyp `Structural` für die Definition elementarer Klassen verwendet. Jedes Schema beginnt mit einer weltweit eindeutigen Nummer, der sogenannten Objekt-ID (OID). Die OID's werden durch Punkte getrennt und sind hierarchisch aufgebaut. Sie dienen dazu Schemata eindeutig zu bezeichnen. Die „1" wurde beispielsweise der International Standard for Organization (ISO) zugewiesen. IBM erhielt z.b. die „1.3.18". Für eigene Schemadefinitionen bieten viele Hersteller einen separaten OID-Ast an, in dem Schemata abgelegt werden können. Neben den ererbten Attributen, ist es auch möglich eigene Attribute vorzugeben und zu definieren. LDAP bietet dabei die Möglichkeit, nicht nur Klassen zu strukturieren und zu standardisieren, sondern auch Attribute.

2.2.2 Auslagerung von Attributen

Attribute werden in sogenannten Attributtypen ausgelagert. Sinn und Zweck der Definition von Attributtypen ist die Wiederverwendung und die Unabhängigkeit von Klassen. Ein Attributtyp kann in verschiedenen Klassen und nicht nur in einer benötigt werden. Dazu ist es sinnvoll einen Attributtyp zu bilden, der alle benötigten Eigenschaften enthält, um anschließend in der Klasse verwendet zu werden. Ein Attributtyp enthält folgende wesentliche Bestandteile [KL03, S. 17]:

- Einen Attributenamen.

- Matchingrules, die für verschiedene LDAP-Operationen verwendet werden.

- Einen Datentyp der den Wertebereich vorgibt.

Als Beispiel für einen Attributtyp wird in Listing 2.2 der elementare Attributtyp `name` illustriert. Seine Aufgabe ist die Speicherung von Namen (z.B. Vorname, Nachname) in LDAP-Objekten.

```
1  attributetype ( 2.5.4.41 NAME 'name'
2        EQUALITY caseIgnoreMatch
3        SUBSTR caseIgnoreSubstringsMatch
4        SYNTAX 1.3.6.1.4.1.1466.115.121.1.15{32768}
5  )
```

Listing 2.2: Definition Attritbuttyp Name

In der ersten Zeilen wird neben der OID der Bezeichner des Attributtypes angegeben. In der zweiten und dritten Zeile sind die Matchingrules `Equality` und `Substr` definiert. Matchingrules sind generell für verschiedene LDAP-Operationen notwendig. Sie werden zum Beispiel bei der Suche nach konkreten LDAP-Objekten verwendet [Zör05, S. 45]. Bei der Suche wird überprüft, ob ein übergebender Parameter, den gespeicherten Attributwert matched oder nicht. Die Regel `Equality` sagt aus, dass beim matching des Attributwertes die Groß- und Kleinschreibung keine Rolle spielt. Die Festlegung des Datentyps folgt nach dem Schlüsselwort SYNTAX in der dritten Zeile. Für den Attributtyp name wurde als Datentyp ein String (Syntax 1.3.6...15) mit der Länge von 32768 Zeichen (32K) angegeben.

Interessant ist die Möglichkeit auch von Attributtypen zu erben. Listing 2.1 beinhaltet als notwendiges Attribut den Nachnamen der Person (sn=surname). Der Attributtyp sn wurde nicht komplett neu definiert, sondern vom Attributtyp name abgeleitet. Listing 2.3 illustriert dazu die Vererbungsbeziehung zwischen den Attributtypen.

```
1  attributetype ( 2.5.4.4 NAME ( 'sn' 'surname' ) SUP name )
```

Listing 2.3: Vererbung Attributtypen

Durch die Ableitung wird der Datentyp des Superattributes name ererbt. Der Attributtyp surname hat nun auch eine Länge von 32K. Unter Attributtypen ist es dadurch analog den Klassen möglich eine Vererbungslinie aufzubauen.

2.3 Vererbung in LDAP

Betrachtet man eine Schema-Definition näher, so ergibt sich durch mehrere Ableitungen eine Vererberungshierarchie mit der Klasse top als Basisklasse. Abbildung 2.1 zeigt exemplarisch die Vererbungshierarchie der Klasse InetOrgPerson.

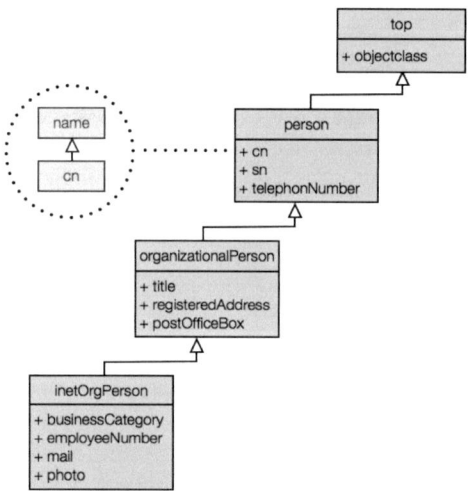

Abbildung 2.1: Ableitung von Klassen

Die Klasse `InetOrgPerson` ist eine der gebäuchlichsten Klassen in der LDAP-Welt und stellt einen Benutzer innerhalb einer Organisation mit einer E-Mail Adresse dar. Jeder Benutzer der über einen Login in einem Unternehmen verfügt, hat einen entsprechenden Eintrag im LDAP-Verzeichnis mit der Klasse `InetOrgPerson` als Referenz. Die Beziehung zwischen der Klasse `InetOrgPerson` und `OrganizationalPerson` kann wie folgt interpretiert werden. `InetOrgPerson` ist eine `OrganizationalPerson` und `OrganizationalPerson` kann eine `InetOrgPerson` sein. Die Vererbungshierarchie darf aber nicht mit einem LDAP-Baum verwechselt werden. Ein LDAP-Baum besteht aus konkreten Objekten, deren Bauplan eine Klasse respektive eine Schemadefinition ist. Erst durch eine hierarchische Anordnung von konkreten Objekten, entsteht eine Baumstruktur im Verzeichnis. Abbildung 2.2 illustriert ein konkretes LDAP-Objekt, welches im Kern aus den drei Klassen `Person`, `OrganizationalPerson` und `InetOrgPerson` besteht.

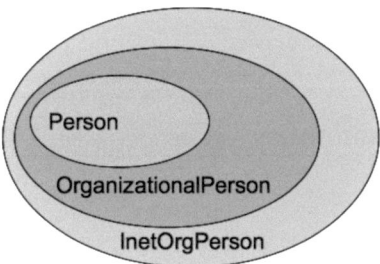

Abbildung 2.2: Konkretes LDAP-Objekt

Jedes Objekt ist eigenständig und aus den Attributen aller verwendeten Klassen zusammengesetzt. Es gehört mindestens zu einer Klasse, kann aber auch zu mehreren Klassen gehören. Eine Aufzählung der referenzierten Klassen, findet man im Attribut `objectClass` wieder, welches von allen Objekten durch `top` ererbt wird (siehe Abbildung 2.1).

2.4 Der Verzeichnisbaum

Eine typische Baumstruktur besteht aus einer Wurzel, Zweigen und Blättern. In LDAP wird der Verzeichnisbaum auch als Directory Information Tree (DIT) bezeichnet. Er dient dazu polititsche, geographische oder organisatorische Einheiten abzubilden. Jeder Knoten im Baum stellt ein konkretes LDAP-Objekt dar. Alle Knoten -bis auf die Blätter- werden als Containerobjekte bezeichnet, da sie andere Objekte beinhalten. Soll ein Blattobjekt mehreren übergeordneten Containerobjekten zugeordnet werden, so kann dies über einen Alias realisiert werden. Aliase sind ähnlich dem Konzept der Zeiger aus der Programmierung. Die Wurzel bildet die erste Hierarchieebene des Baumes und den Einsprungpunkt der Organisation. Ausgehend von der Wurzel werden alle Einheiten der Organisation nach unten bis zur letzten Ebene aufgefächert. Letztendlich lässt sich aus einem vollständigen gepflegten LDAP-Baum stets ein aktuelles Organigramm generieren. In Abbildung 2.3 wird exemplarisch ein möglicher LDAP-Baum der FH-Deggendorf illustriert.

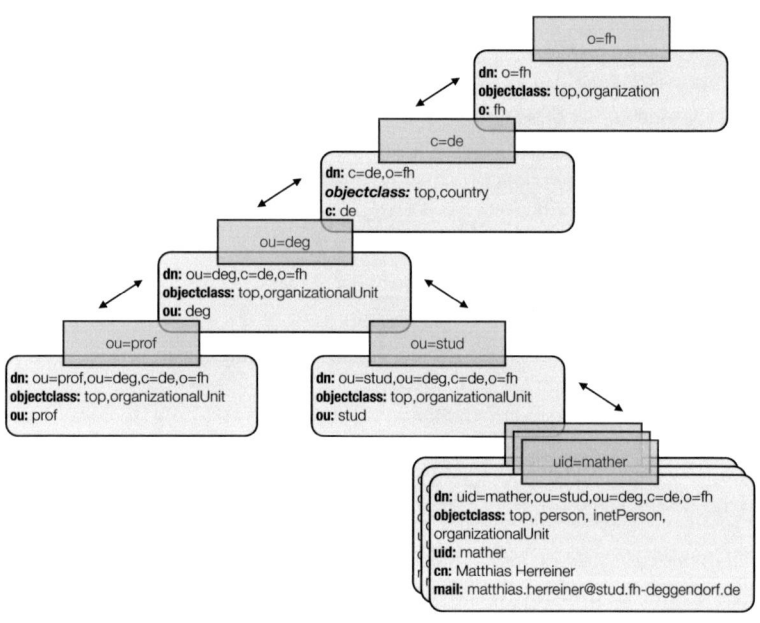

Abbildung 2.3: LDAP-Baum der FH-Deggendorf

Der Beispielbaum in Abbildung 2.3 enthält fünf Ebenen. Die Wurzel stellt abstrakt eine Organisation Fachhochschule dar. Darunter gliedert sich das Land, in dem die Fachhochschule angesiedelt ist. Ein Standort der Fachhochschule befindet sich in Deggendorf. Daneben könnte es noch weitere Standorte geben z.B. Teisnach. Am Standort Deggendorf gibt es eine Gruppe Professoren und Studenten. Der Gruppe Studenten sind beispielhaft einige konkrete LDAP-Objekte zugeordnet.

Beim Einfügen eines neuen Objektes wird festgelegt, zu welchen Klassen das Objekt gehört und an welchem Ort der Knoten eingefügt wird. Am Ende des Einfügevorgangs wird das Objekt im Verzeichnis persistiert und stellt nun einen konkreten Verzeichniseintrag dar. Jedes Objekt im Baum kann durch einen eindeutigen Pfad, den DN, referenziert werden. Für einen Studenten könnte ein beispielhafter DN wie folgt aussehen:

```
uid=mather,ou=stud,ou=deg,c=de,o=fh
```

Abbildung 2.4: Beispielhafter DN eines Studenten

Ein DN besteht aus einzelnen Relative Distinguished Name (RDN), die beginnend von der Wurzel, top down konkatentiert werden. Ein RDN stellt dabei einen eindeutigen Namen auf einer Hierarchieebene dar z.B. `ou=stud` oder `c=de`. Die Konkatenierung der RDN's beginnt bei der Wurzel und wir von rechts nach links fortgesetzt.

3 Fazit

Verzeichnisdienste sind aus modernen IT-Landschaften nicht mehr wegzudenken und stellen einen de-facto-Industriestandard dar. Sie übernehmen zentrale Dienste und Services und bilden die Kernkomponente vieler IT-Lösungen. Neben der Benutzer- und Rechteverwaltung dienen Verzeichnisse zur Abbildung der Organisationsstruktur im Unternehmen. Das hat den Vorteil, dass jederzeit ein aktuelles Organigramm generiert werden kann. Eine zentrale Benutzer- und Rechteverwaltung bildet in vielen Unternehmen den Grundstein für die einmalige Authentifizierung eines Benutzers. Integrierte Services wie z.B. Single sign-on werden in Zukunft an Bedeutung gewinnen. Um diesem Druck gerecht zu werden, bieten viele relevante Softwarehersteller eine LDAP-Schnittstelle zum Umgang mit Verzeichnissen an.

Das Klassenkonzept und das Konzept der Vererbung bieten in LDAP ein flexibles und standardisiertes Vorgehen zum Aufbau einer Verzeichnisstruktur. Durch die Definition eigener Klassen, können individuelle Anforderungen an ein Verzeichnis umgesetzt werden. Dies stellt zum einen die Anpassbarkeit eines Verzeichnisses und zum anderen die Interoperabilität verschiedener LDAP-Implementierungen sicher.

Literaturverzeichnis

[Cha94] CHADWICK, David: *Understanding X.500 - The Directory*, 1994. http://sec.cs.kent.ac.uk/x500book/, Abruf: 03.01.2011

[Ebe05] EBEL, Nadin: *WebSphere/Domino Workplace Administration: Anwendungsplattformen integrieren*. München ;Boston : Addison-Wesley, 2005 (IBM software press)

[KL03] KLÜNTER, Dieter ; LASER, Jochen: *LDAP verstehen, OpenLDAP einsetzen: Grundlagen, Praxiseinsatz, Single-sign-on-Mechanismen*. 1. Aufl. Heidelberg : dpunkt-Verl., 2003

[RFC2256] Internet Engineering Task Force: *RFC - 2256*. http://www.ietf.org/rfc/rfc2256.txt, Abruf: 03.01.2011

[Zör05] ZÖRNER, Stefan: *LDAP für Java-Entwickler: Einstieg und Integration*. 2. Aufl. Entwickler.press, 2005